历代名绘真赏 流失海外绘画珍品

◎临摹教学◎鉴赏研究

浙江人民美术出版社

宾夕法尼亚大学博物馆藏

广胜寺壁画

小嫏嬛馆 编

Bhaisajyaguru
Object Number: C688
Mud，Seeds，Straw，Leaves，Tempera
Ming Dynasty
Purchased from C. T. Loo, 1927

《药师佛佛会图》
藏品编号：C688
泥、种子、稻草、树叶、蛋彩画
明代
卢芹斋释出（1927）

Tejaprabha, the Buddha of Blazing Light
Object Number: C494
Mud，Seeds，Straw，Leaves，Tempera
Ming Dynasty
Purchased from C. T. Loo, 1926

《炽盛光佛佛会图》
藏品编号：C688
泥、种子、稻草、树叶、蛋彩画
明代
卢芹斋释出（1926）

宾夕法尼亚大学博物馆藏广胜寺壁画

《炽盛光佛佛会图》和《药师佛佛会图》原为山西洪洞县广胜寺下寺前殿壁画，现藏于美国宾夕法尼亚大学博物馆。两铺壁画是宾夕法尼亚大学博物馆于1926年至1929年陆续购得。1926年宾夕法尼亚大学博物馆购得《炽盛光佛佛会图》的主体部分，1929年前后，又购得《炽盛光佛佛会图》的两块残块。《药师佛佛会图》则是宾夕法尼亚大学博物馆于1927年购得。弗纳德（Helen Fernald）曾于1926年和1929年分别发表两篇关于《炽盛光佛佛会图》文章，于1928年发表关于《药师佛佛会图》的文章，是关于两铺壁画最早的研究文章。根据当时古董商提供的信息，弗纳德一直认为两铺壁画来自河南省清化县月山寺中，这种观点一直持续到1934年史克门（Laurence Sickman）访问山西，认为两铺壁画与纳尔逊-阿特金斯艺术博物馆藏壁画相似，可能同出广胜寺。两铺壁画高约5.3米，宽约8.8米，因为壁画两侧都有部分遗失，因此推断原壁画宽度要达到9米以上，和广胜寺下寺前殿东、西山墙高度和宽度基本契合。《药师佛佛会图》位于前殿东壁，《炽盛光佛佛会图》位于西壁。广胜寺下寺大雄宝殿内存有元代《炽盛光佛佛会图》和《药师佛佛会图》，那么为何要在下寺两个殿宇绘制同样题材两铺壁画，前殿壁画又绘制于何时？根据下寺前殿前檐下明成化十二年（1476）《重修前佛殿落成记》记载，下寺前殿为明代重建，两铺壁画风格和大雄宝殿元代壁画风格也略有差别，体现明代风格，因此壁画应绘制于前殿完工的明成化八年（1472）之后的一段时间内。

《炽盛光佛佛会图》与现藏于纳尔逊-阿特金斯艺术博物馆的元代《炽盛光佛佛会图》构图和神祇有相似之处，都为佛三尊样式，主尊炽盛光佛结跏趺坐于仰莲须弥座上，左手持金轮，金轮为炽盛光佛重要标志。两侧胁侍菩萨为半跏趺坐，其中右胁侍菩萨头顶宝冠中有化佛形象，手持经典上有“佛说消灾经”的字样，此经全称为《佛说炽盛光大威德消灾吉祥陀罗尼经》，是关于炽盛光信仰的重要经典，也成为断定主尊为炽盛光佛的重要依据。左胁侍菩萨没有手持物，头顶宝冠装饰已残损。关于两胁侍菩萨身份引起学者争议，此铺壁画中两胁侍菩萨明显不像纳尔逊-阿特金斯艺术博物馆藏《炽盛光佛佛会图》中两胁侍菩萨有日轮和月轮的标志。关于这铺壁画胁侍菩萨身份主要有三种观点：一、弗纳德将其主尊定为释迦牟尼，右胁侍为观音菩萨，左胁侍为弥勒菩萨，形成释迦、观音、弥勒组合。弗纳德对主尊身份判断明显有误，因此对胁侍菩萨判断也并不准确。二、利珀认为右胁侍为普贤菩萨，右胁侍为文殊菩萨，这种观点并没有依据。三、孟嗣徽认为右胁侍为观音菩萨，左胁侍为文殊菩萨，其判断依据为右胁侍宝冠上的化佛是观音造像特征之一，且她认为文殊菩萨和炽盛光佛关系密切，这种说法目前来看是较为可靠的一种说法。除了炽盛光佛和胁侍菩萨外，此铺壁画与纳尔逊-阿特金斯艺术博物馆藏《炽盛光佛佛会图》一样也出现了星曜神，此铺壁画现存星曜神有残缺，现存有日神、月神、水星、金星、木星、罗睺和计都七位星神，形象与纳尔逊-阿特金斯艺术博物馆藏《炽盛光佛佛会图》十分接近，其中月神位置有误，从与日神相对称的原则来看，位置应再靠外侧和下方。日神为头戴冠冕的帝王形象，冠上有日轮。月神为头戴华冠的皇后形象，上有月轮，其身后侍女手捧玉兔，这也是月神的身份象征。水星头饰猴冠，手持纸笔。金星头饰鸡冠，怀抱布遮琵琶。木星为卿相，手捧一盘桃果，位于日神左侧。日神身后有两位毛发竖立、绿脸、手持刀剑的鬼怪形象，应为罗睺和计都。没出现的星曜神有土星和火星，此铺壁画中究竟绘制的为九曜还是十一曜，是否出现紫炁和月孛无法准确断定。但从明代普遍盛行十一曜像以及纳尔逊-阿特金斯艺术博物馆藏《炽盛光佛佛会图》绘制的为十一曜来看，此铺壁画绘制为十一曜的可能性较大。

《药师佛佛会图》主尊也为传统一佛二菩萨样式，中尊佛像身穿红色袈裟，结跏趺坐于须弥座，左手下垂抚左膝，右手上扬，手掌向外翻。与美国大都会艺术博物馆藏元代《药师佛佛会图》的佛像手势相似，大都会艺术博物馆为左手下垂抚左膝，右手施无畏印。这两铺壁画主尊手势都不具有典型性特征，单尊药师佛形象典型特征为手持药钵的形象，因此将此铺壁画命名为《药师佛佛会图》主要在于其胁侍菩萨和周围神祇。佛像旁边的左、右二胁侍菩萨头戴宝冠，身披璎珞，其头顶宝冠中有日轮和月轮，为日光菩萨和月光菩萨。日光菩萨和月光菩萨为药师佛两大胁侍菩萨，《佛说药师如来本愿经》载："于其国中有二菩萨摩诃萨，一名日光，二名月光，于彼无量无数诸菩萨众最为上首，持彼世尊药师琉璃光如来正法之藏。"[1]可以看出日光菩萨和月光菩萨地位已经为药师琉璃净土中诸菩萨之首。药师佛为东方净琉璃世界教主，与日光菩萨、月光菩萨成为东方药师信仰的重要组合，亦被称为东方三圣。除此之外，佛右侧有六位手持各种武器的武士，应为药师佛十二神将中的六位，主尊左侧也有两位相似神将，画面已经残缺，原图中左侧应该也有六位，与右侧共同组成药师十二神将。现藏于法国吉美博物馆，原为古董商卢芹斋收藏的三块壁画残块上绘有四位手持兵器的武士形象，与宾夕法尼亚大学博物馆《药师佛佛会图》风格相近，图像上能够重合，很有可能为此铺壁画左侧中缺失的十二神将的一部分。

---

1 ［隋］达摩笈多译：《佛说药师如来本愿经》，《大正藏》第14册，第402页。

十二神将与药师佛发誓成佛后的十二大愿有关，十二神将在昼夜十二时辰以及十二个月中轮流守护信奉药师佛的众生。此铺壁画并没有出现药师信仰中常见的八大菩萨，但从日光菩萨、月光菩萨和十二神将可以断定主尊为药师佛无疑。药师信仰开始盛行于唐代，东方药师信仰也多和西方净土信仰联系在一起，早期壁画中多将药师经变和净土经变绘制在一起，如《历代名画记》卷三中载画家程逊在洛阳昭成寺内香炉两侧绘有药师经变和净土经变[2]。

宾夕法尼亚大学博物馆藏这两铺壁画中佛像和菩萨像与广胜寺后殿的元代壁画相比，一改曹衣描为主的用线特征，更多加入铁线描，线条表现更为拘谨、工整。人物造型与元代人物形象的圆润饱满相比，整体变得相对扁平和瘦削。人物服饰的衣纹较元代更为复杂，装饰性增强。从用色来看，虽然和元代两铺壁画一样以红、绿、黄色为主，蓝色使用较元代明显增加。两铺壁画总体风格呈现类型化和程式化的倾向。

药师佛和炽盛光佛本不是两组固定的组合模式，元明时期却多将其绘制在一起，如明代觉苑寺、资寿寺都将《药师佛佛会图》和《炽盛光佛佛会图》绘制在同一殿宇中，且药师佛与炽盛光佛部分胁侍产生了重合，而且他们神格上十分接近。晚期壁画多将其绘制在一起是因为两者都可以除灾去难，炽盛光信仰可以免于天灾，药师信仰可以免于世间疾苦，使信众一同免于天灾人祸，形成完整的信仰体系。

刘骁

2021 年 2 月

2 ［唐］张彦远：《历代名画记》卷三，于安澜编：《画史丛书》第1册，上海人民美术出版社，1963年，第52页。

图书在版编目（CIP）数据

宾夕法尼亚大学博物馆藏广胜寺壁画 / 小嫏嬛馆编
. -- 杭州 : 浙江人民美术出版社, 2021.4
（历代名绘真赏. 流失海外绘画珍品）
ISBN 978-7-5340-7259-8

Ⅰ. ①宾… Ⅱ. ①小… Ⅲ. ①寺庙壁画—洪洞县—图集 Ⅳ. ①K879.412

中国版本图书馆CIP数据核字（2021）第042886号

宾夕法尼亚大学博物馆藏广胜寺壁画

（历代名绘真赏　流失海外绘画珍品）

小嫏嬛馆 编

策划编辑 傅笛扬　　责任编辑 姚　露
责任校对 张利伟　　责任印制 陈柏荣
出版发行 浙江人民美术出版社
地　　址 杭州市体育场路347号（邮编：310006）
经　　销 全国各地新华书店
制　　版 浙江新华图文制作有限公司
印　　刷 浙江海虹彩色印务有限公司
版　　次 2021年4月第1版
印　　次 2021年4月第1次印刷
开　　本 710mm × 1000mm　1/4
印　　张 9
字　　数 20千字
书　　号 ISBN 978-7-5340-7259-8
定　　价 80.00元

類聚藝文

历代名绘真赏

流失海外绘画珍品

宾夕法尼亚大学博物馆藏广胜寺壁画

纳尔逊-阿特金斯艺术博物馆藏广胜寺壁画

大英博物馆藏敦煌绘画百图

大都会艺术博物馆藏广胜寺壁画

纳尔逊-阿特金斯艺术博物馆　普林斯顿大学艺术博物馆　芝加哥艺术博物馆藏慈胜寺壁画

法海寺壁画

永乐宫壁画

宋百花图卷

宋溪山清远图

宋人画册

宋赵孟坚水仙图卷

宋王希孟千里江山图

元黄公望富春山居图

元吴镇墨竹谱

清恽寿平百花图卷（外一种）

石涛册页精选

恽寿平册页精选

陈洪绶册页精选

沈周册页精选

董其昌册页精选

金农册页精选

清四僧册页精选

清四王册页精选

扬州八怪册页精选

上架建议：绘画鉴赏

ISBN 978-7-5340-7259-8

定价：80.00元